2021年版

中検準4級試験問題

［第100・101・102回］
解答と解説

一般財団法人
日本中国語検定協会 編

白帝社

音声ファイルダウンロードについて

■『中検準４級試験問題 2021［100・101・102 回］』の音声ファイル（MP3）を無料でダウンロードすることができます。
下記サイトにアクセスしてください。

http://www.hakuteisha.co.jp/audio/chuken/j4-2021.html

■ 本文中の マークの箇所が音声ファイル（MP3）提供箇所です。
ファイルは ZIP 形式で圧縮された形でダウンロードされます。
会場での受験上の注意を収録したトラック 01，02，33 の番号は，本書「問題」部分には記していません。

■ スマートフォンで音声ダウンロードと再生を行う場合の参考情報は，p.iv をご覧ください。

ご注意

＊ 音声の再生には，MP3 ファイルが再生できる機器などが別途必要です。
＊ ご使用機器，音声再生ソフトに関する技術的なご質問は，ハードメーカー，ソフトメーカーにお問い合わせください。

音声ダウンロードファイルをご利用できない場合は CD をお送りします。
葉書あるいはメールに必要事項（①『中検準４級試験問題 2021［100・101・102 回］』の CD 希望，②お送り先の住所，③氏名）を明記の上，下記宛にお申し込みください。

171-0014 東京都豊島区池袋 2-65-1　白帝社 CD 係
info@hakuteisha.co.jp

まえがき

私たちの協会はこれまで各回の試験が終わるごとに級別に試験問題の「解答解説」を発行し，また年度ごとに3回の試験問題と解答解説を合訂した「年度版」を公表してきました。これらは検定試験受験者だけでなく，広く中国語学習者や中国語教育に携わる先生方からも，大きな歓迎を受けてきましたが，ただ主として予約による直接購入制であったため，入手しにくいので一般の書店でも購入できるようにしてほしいという声が多く受験者や学習者から寄せられていました。

その要望に応えるため，各回版と年度版のうち，「年度版」の発行を2013年度実施分より中国語テキストや参考書の発行に長い歴史と実績を有する白帝社に委ねることにしました。「各回版」の方は速報性が求められ，試験終了後直ちに発行しなければならないという制約を有するため，なお当面はこれまでどおり協会が発行し，直接取り扱うこととします。

本書の内容は，回ごとに出題委員会が作成する解答と解説に準じていますが，各回版刊行後に気づいた不備，回ごとの解説の粗密や記述体裁の不統一を調整するとともに，問題ごとに出題のねらいや正解を導くための手順を詳しく示すなど，より学習しやすいものになるよう配慮しました。

本書を丹念に読むことによって，自らの中国語学習における不十分なところを発見し，新しい学習方向を定めるのに役立つものと信じています。中国語学習者のみなさんが，受験準備のためだけでなく，自らの学力を確認するための目安として本書を有効に活用し，学習効果の向上を図られることを願っています。

2021年5月

一般財団法人 日本中国検定協会

本書について

本書は，日本中国語検定協会が2020年度に実施した第100回（2020年6月），第101回（2020年11月），第102回（2021年3月）中国語検定試験の問題とそれに対する解答と解説を，実施回ごとに分けて収めたものです。リスニング問題の音声はダウンロードして聴くことができます。

問　題

・試験会場で配付される状態のものに，音声のトラック番号を 03 のように加えています。ただし，会場での受験上の注意を収録したトラック01，02，33は記していません。

解答と解説

・問題の最初に，出題のポイントや正解を導くための手順を簡潔に示しています。

・４択式の解答は白抜き数字❶❷❸❹で，記述式の解答は太字で示しています。解説は問題ごとに　　内に示しています。

・準4級・4級・3級の問題文と選択肢の文すべて（一部誤答は除く）にピンインと日本語訳例を付し，リスニング問題にはピンインと漢字表記および日本語訳を付けています。

・ピンイン表記は原則として《现代汉语词典 第7版》に従っていますが，“不”“一”の声調は変調したものを示しています。
“没有”は動詞は méiyǒu，副詞は méiyou のように表記しています。
軽声と非軽声の2通りの発音がある場合は，原則として軽声の方を採用しています。例：“打算 dǎ·suàn”は dǎsuan，“父亲 fù·qīn”は fùqin，“因为 yīn·wèi”は yīnwei。

・品詞名，文法用語のうち，助数詞と前置詞は原語のまま量詞，介詞を，また中国語の“状语”は状況語（連用修飾語），“定语”は限定語（連体修飾語）としています。

・音声のトラック番号は，03 のように示しています。

解答用紙見本

・巻末にマークシート式の解答用紙の見本（70%縮小）があります。記入欄を間違えないように，解答欄の並び方を確認しましょう。

参考情報 スマートフォンで音声ダウンロードと再生を行う手順

http://www.hakuteisha.co.jp/audio/chuken/j4-2021.html

・**iPhone で Clipbox**（解凍用アプリ）**を使う場合**

① App Store から Clipbox Zip をダウンロードします。

② QR コードリーダーで QR コードを読み取ります。
URL を入力する場合は，Clipbox Zip を起動し，「ブラウザ」を選択し入力します。

③ ダウンロードしたいものを選択（タッチ）します。通信環境により，ダウンロード完了までに 15 分以上かかる場合があります。

④ 「Clipbox Zip にコピー」を選択→出てきた Zip を選択→「解凍します」を選択。

⑤ 聞きたいトラック番号を選択して，音声を再生します。

・**iPhone で Easy Zip**（解凍用アプリ）**を使う場合**

① App Store から Easy Zip をダウンロードします。

② QR コードリーダーで QR コードを読み取ります。
URL を入力する場合は，Easy Zip を起動し，「ブラウザ」を選択し入力します。

③ ダウンロードしたいものを選択（タッチ）します。通信環境により，ダウンロード完了までに 15 分以上かかる場合があります。

④ 「“Easy Zip” で開く」を選択→出てきた Zip を選択→「解凍します」を選択。黄色いフォルダが作成されます。

⑤ 聞きたいトラック番号を選択して，音声を再生します。

・**Android で Clipbox+**（解凍用アプリ）**を使う場合**

① Play ストアから Clipbox+ をダウンロードします。

② QR コードリーダーで QR コードを読み取り，Clipbox+ を使用して音声ダウンロードページを開きます。URL を入力する場合は，Clipbox+ を起動し，「クリップ」→「ブラウザ」を選択し入力します。

③ ダウンロードしたいものを選択（タッチ）します。

④ 「クリップ」→「OK」（→「キャンセル」）を選択します。画面上で変化はありませんが，ダウンロードが始まっています。通信環境により，ダウンロード完了までに 15 分以上かかる場合があります。

⑤ 左上の「< ブラウザ」をタッチして TOP に戻り，保存場所（通常は「マイコレクション」）を選択します。③で選択した Zip が無い場合，まだダウンロードが完了していません。完了すると Zip が現れます。

⑥ Zip を選択すると「解凍しますか」が表示され，「OK」を選択すると，解凍された mp3 ファイルが現れます。

⑦ 聞きたいトラック番号を選択して，音声を再生します。

目　次

第100回
(2020年6月)

問　題

解答時間：計60分

配点：リスニング50点，筆記50点

解答と解説

リスニング （⇨解答と解説 6 頁）

03 **1** 1. これから読む(1)～(5)の中国語と一致するものを，それぞれ①～④の中から 1 つ選び，その番号を解答欄にマークしなさい。 （10 点）

04	(1)	① shāng	② xiōng	③ shān	④ xiāng
05	(2)	① xiǎo	② zhǎo	③ shǎo	④ qiǎo
06	(3)	① cān	② kān	③ zàn	④ chán
07	(4)	① fú	② hú	③ huǒ	④ hòu
08	(5)	① bǎo	② pò	③ pǎo	④ bó

09 2. (6)～(10)のピンイン表記と一致するものを，それぞれ①～④の中から 1 つ選び，その番号を解答欄にマークしなさい。 （10 点）

10	(6) huǒchē	①	②	③	④
11	(7) qiánbāo	①	②	③	④
12	(8) xiàwǔ	①	②	③	④
13	(9) dìtú	①	②	③	④
14	(10) shēngqì	①	②	③	④

15 3. (11)～(15)の日本語を中国語で言い表す場合，最も適当なものを，それぞれ①～④の中から 1 つ選び，その番号を解答欄にマークしなさい。 （10 点）

16	(11) 冬	①	②	③	④
17	(12) フランス	①	②	③	④
18	(13) 郵便局	①	②	③	④
19	(14) とてもお腹がすいている	①	②	③	④
20	(15) 料理を作る	①	②	③	④

21 **2** 1. ⑴～⑸の日本語を中国語で言い表す場合，最も適当なものを，それぞれ①～④の中から１つ選び，その番号を解答欄にマークしなさい。 (10 点)

22 ⑴ 4 月 7 日　①　②　③　④

23 ⑵ 金曜日　①　②　③　④

24 ⑶ 2 時 50 分　①　②　③　④

25 ⑷ 809　①　②　③　④

26 ⑸ 3 日間　①　②　③　④

27 2. ⑹～⑽のような場合，中国語ではどのように言うのが最も適当か，それぞれ①～④の中から１つ選び，その番号を解答欄にマークしなさい。 (10 点)

28 ⑹ 大勢の人にあいさつするとき

①　②　③　④

29 ⑺ 人に席をすすめるとき

①　②　③　④

30 ⑻ 道をたずねるとき

①　②　③　④

31 ⑼ 時刻をたずねるとき

①　②　③　④

32 ⑽ 人に頼み事をするとき

①　②　③　④

筆　記 （⇨解答と解説10頁）

3　1. ⑴～⑸の中国語の正しいピンイン表記を，それぞれ①～④の中から１つ選び，その番号を解答欄にマークしなさい。（10 点）

⑴ 歌　① gū　② kǔ　③ kě　④ gē

⑵ 去　① qū　② qù　③ chī　④ chì

⑶ 菜　① cài　② sài　③ cǎi　④ sǎi

⑷ 老师　① lǒushī　② lǎoxí　③ lǎoshī　④ lǒuxí

⑸ 音乐　① yīnglè　② yīnyuè　③ yīngyuè　④ yīnlè

2. ⑹～⑽の日本語の意味になるように空欄を埋めるとき，最も適当なものを，それぞれ①～④の中から１つ選び，その番号を解答欄にマークしなさい。（10 点）

⑹ これはいくらですか。
这个（　　　）钱?
① 什么　② 怎么　③ 多少　④ 哪个

⑺ 学校の近くに銀行はありません。
学校附近（　　　）银行。
① 不在　② 没有　③ 不是　④ 不做

⑻ チケットを２枚ください。
请给我两（　　　）票。
① 张　② 件　③ 把　④ 本

⑼ わたしたちは一緒に中国語を勉強しましょう。
我们一起学习汉语（　　　）。
① 吗　② 啊　③ 呢　④ 吧

⑽ 夏休みにあなたはどこへ行きたいですか。
暑假你（　　　）去哪儿?
① 会　② 能　③ 想　④ 可以

3. ⑾～⒂の日本語の意味になるように，それぞれ①～④を並べ替えたとき，［　］内に入るものはどれか，その番号を解答欄にマークしなさい。　(10点)

⑾ あなたも日本人ですか。

你＿＿＿＿　［＿＿＿＿］　＿＿＿＿　＿＿＿＿？

① 是　② 吗　③ 日本人　④ 也

⑿ わたしたちは食堂でごはんを食べます。

我们＿＿＿＿　［＿＿＿＿］　＿＿＿＿　＿＿＿＿。

① 饭　② 在　③ 吃　④ 食堂

⒀ 彼はあした学校に来ません。

他＿＿＿＿　＿＿＿＿　［＿＿＿＿］　＿＿＿＿。

① 学校　② 明天　③ 来　④ 不

⒁ 教室の中に学生は何人いますか。

＿＿＿＿　［＿＿＿＿］　＿＿＿＿　＿＿＿＿？

① 学生　② 有　③ 几个　④ 教室里

⒂ きょうはあまり寒くありません。

＿＿＿＿　＿＿＿＿　［＿＿＿＿］　＿＿＿＿。

① 不　② 今天　③ 冷　④ 太

4 ⑴～⑸の日本語を中国語に訳したとき，下線部の日本語に当たる中国語を漢字（簡体字）で解答欄に書きなさい。なお，⑴・⑵はいずれも漢字１文字で，⑶～⑸はいずれも漢字２文字で解答しなさい。（漢字は崩したり略したりせずに書くこと。）(20点)

⑴ a 車に乗る。　b 授業を受ける。

⑵ a コーヒーを飲む。　b きょうはとても暑い。

⑶ 映画を観る。

⑷ 話をする。

⑸ 手紙を書く。

リスニング

1

解答：(1) ❹　(2) ❷　(3) ❶　(4) ❶　(5) ❸　(6) ❹　(7) ❸　(8) ❷　(9) ❶　(10) ❸
(11) ❷　(12) ❶　(13) ❹　(14) ❹　(15) ❷

1. **発音（1 音節）**：中国語の発音を正確に聞き取れているかピンインを使って問うています。ピンインは文字としてではなく音と関連付けて覚えるようにしましょう。

（2 点× 5）

04 (1) xiāng　① shāng　② xiōng　③ shān　❹ **xiāng**

05 (2) zhǎo　① xiǎo　❷ **zhǎo**　③ shǎo　④ qiǎo

06 (3) cān　❶ **cān**　② kān　③ zàn　④ chán

07 (4) fú　❶ **fú**　② hú　③ huǒ　④ hòu

08 (5) pǎo　① bǎo　② pò　❸ **pǎo**　④ bó

2. **発音（2 音節）**：おろそかに聞くと間違えてしまうような音を集めています。それぞれの音の細かな違いを聞き分けられるようにしましょう。　（2 点× 5）

10 (6) huǒchē　① hòuqī　② hóngchá　③ hǎochī　❹ **huǒchē**

11 (7) qiánbāo　① qípáo　② qiángdào　❸ **qiánbāo**　④ chángpǎo

12 (8) xiàwǔ　① xià yǔ　❷ **xiàwǔ**　③ shàngwǔ　④ shāngwù

13 (9) dìtú　❶ **dìtú**　② jìdu　③ tìtóu　④ dītóu

14 (10) shēngqì　① shāngyì　② shénmì　❸ **shēngqì**　④ shāndì

3. 単語：与えられた日本語に対応する単語またはフレーズの意味を類義，反義，関連語のグループの中から選びます。 (2点×5)

16 (11) 冬

① 夏天 xiàtiān (夏)
❷ 冬天 dōngtiān (冬)
③ 春天 chūntiān (春)
④ 秋天 qiūtiān (秋)

17 (12) フランス

❶ 法国 Fǎguó (フランス)
② 德国 Déguó (ドイツ)
③ 韩国 Hánguó (韓国)
④ 美国 Měiguó (アメリカ)

18 (13) 郵便局

① 餐厅 cāntīng (レストラン)
② 公园 gōngyuán (公園)
③ 医院 yīyuàn (病院)
❹ 邮局 yóujú (郵便局

19 (14) とてもお腹がすいている

① 很忙 hěn máng (とても忙しい)
② 很累 hěn lèi (とても疲れている)
③ 很困 hěn kùn (とても眠い)
❹ 很饿 hěn è (とてもお腹がすいている)

20 (15) 料理を作る

① 休息 xiūxi (休憩する)
❷ 做菜 zuò cài (料理を作る)
③ 洗澡 xǐzǎo (風呂に入る)
④ 睡觉 shuìjiào (寝る)

2

解答：(1)❹　(2)❷　(3)❸　(4)❶　(5)❹　(6)❸　(7)❷　(8)❶　(9)❹　(10)❷

1. **語句**：数字に関する表現を正確に聞き取れるかどうかを問うています。

(2点×5)

22	(1) 4月7日	① 十月七号	shíyuè qī hào	(10月7日)
		② 四月一号	sìyuè yī hào	(4月1日)
		③ 十月一号	shíyuè yī hào	(10月1日)
		❹ **四月七号**	sìyuè qī hào	(4月7日)
23	(2) 金曜日	① 星期四	xīngqīsì	(木曜日)
		❷ **星期五**	xīngqīwǔ	(金曜日)
		③ 星期六	xīngqīliù	(土曜日)
		④ 星期天	xīngqītiān	(日曜日)
24	(3) 2時50分	① 六点五十分	liù diǎn wǔshí fēn	(6時50分)
		② 两点四十分	liǎng diǎn sìshí fēn	(2時40分)
		❸ **两点五十分**	liǎng diǎn wǔshí fēn	(2時50分)
		④ 六点四十分	liù diǎn sìshí fēn	(6時40分)
25	(4) 809	❶ **八百零九**	bābǎi líng jiǔ	(809)
		② 八百九十	bābǎi jiǔshí	(890)
		③ 九百零八	jiǔbǎi líng bā	(908)
		④ 九百八十	jiǔbǎi bāshí	(980)
26	(5) 3日間	① 三年	sān nián	(3年)
		② 三个小时	sān ge xiǎoshí	(3時間)
		③ 三个月	sān ge yuè	(3か月)
		❹ **三天**	sān tiān	(3日間)

2. 日常用語：あいさつ語ほか日常生活の中で使われる基本的な表現を聞いて理解することができるかどうかを問うています。 (2点×5)

28 (6) 大勢の人にあいさつするとき

① 老师好！ Lǎoshī hǎo! 先生，こんにちは。
② 您好！ Nín hǎo! ［目上の人に対し］こんにちは。
❸ 大家好！ Dàjiā hǎo! みなさん，こんにちは。
④ 晚安！ Wǎn'ān! おやすみなさい。

29 (7) 人に席をすすめるとき

① 请听！ Qǐng tīng! お聞きください。
❷ 请坐！ Qǐng zuò! おかけください。
③ 请看！ Qǐng kàn! ご覧ください。
④ 请进！ Qǐng jìn! お入りください。

30 (8) 道をたずねるとき

❶ 怎么走？ Zěnme zǒu? どう行きますか。
② 怎么办？ Zěnme bàn? どうしますか。
③ 怎么说？ Zěnme shuō? どう言いますか。
④ 怎么写？ Zěnme xiě? どう書きますか。

31 (9) 時刻をたずねるとき

① 什么时候？ Shénme shíhou? いつですか。
② 几个小时？ Jǐ ge xiǎoshí? 何時間ですか。
③ 几分钟？ Jǐ fēn zhōng? 何分間ですか。
❹ 现在几点？ Xiànzài jǐ diǎn? 今何時ですか。

32 (10) 人に頼み事をするとき

① 好久不见了！ Hǎojiǔ bújiàn le! お久しぶりです。
❷ 麻烦您！ Máfan nín! ご面倒をおかけします。
③ 你先走吧！ Nǐ xiān zǒu ba! あなたは先に行ってください。
④ 哪里，哪里！ Nǎli, nǎli! どういたしまして。

筆　記

3

解答：(1) ❹　(2) ❷　(3) ❶　(4) ❸　(5) ❷　(6) ❸　(7) ❷　(8) ❶　(9) ❹　(10) ❸
(11) ❶　(12) ❹　(13) ❸　(14) ❷　(15) ❹

1. ピンイン表記：ピンイン表記を理解することは正確な発音を身に付けることでもあります。　(2 点 × 5)

(1) 歌（歌）	① gū	② kǔ	③ kě	**❹ gē**
(2) 去（行く）	① qū	**❷ qù**	③ chī	④ chì
(3) 菜（料理）	**❶ cài**	② sài	③ cǎi	④ sǎi
(4) 老师（先生）	① lǒushī	② lǎoxí	**❸ lǎoshī**	④ lǒuxí
(5) 音乐（音楽）	① yīnglè	**❷ yīnyuè**	③ yīngyuè	④ yīnlè

2. 空欄補充：空欄に入る語はいずれも文法上のキーワードです。　(2 点 × 5)

(6) これはいくらですか。

这个（ 多少 ）钱？ Zhège duōshao qián?

① 什么 shénme　② 怎么 zěnme　❸ 多少 duōshao　④ 哪个 nǎge

「いくら」は“多少钱”です。①は「何」，②は「どのように」，④は「どの」という意味です。

(7) 学校の近くに銀行はありません。

学校附近（ 没有 ）银行。Xuéxiào fùjìn méiyǒu yínháng.

① 不在 bú zài　❷ 没有 méiyǒu　③ 不是 bú shì　④ 不做 bú zuò

「…に…がいない，ない」という場合には「場所＋“没有”＋人・モノ」の語順で表現します。①は「人・モノ＋“不在”＋場所」の語順で，ある場所に人・モノが存在しないことを表します。③は「…ではない」，④は「…しない」という意味です。

(8) チケットを2枚ください。

请给我两（ 张 ）票。Qǐng gěi wǒ liǎng zhāng piào.

❶ 张 zhāng　② 件 jiàn　③ 把 bǎ　④ 本 běn

量詞（助数詞）の問題です。チケットなどの紙や平らな面を持つものを数える場合は“张”を用います。②は衣服や事柄など，③は取っ手など握る部分のあるもの，④は書籍類など冊子状のものを数えます。

(9) わたしたちは一緒に中国語を勉強しましょう。

我们一起学习汉语（ 吧 ）。Wǒmen yìqǐ xuéxí Hànyǔ ba.

① 吗 ma　② 啊 a　③ 呢 ne　❹ 吧 ba

語気助詞の問題です。「…しましょう」という勧誘の語気を示す“吧”を用います。①は「…か」という疑問，②は感嘆の語気，③は疑問の語気やいぶかる気持ちを表します。

(10) 夏休みにあなたはどこへ行きたいですか。

暑假你（ 想 ）去哪儿？ Shǔjià nǐ xiǎng qù nǎr?

① 会 huì　② 能 néng　❸ 想 xiǎng　④ 可以 kěyǐ

「…したい」は“想”を用います。①は「（練習して）…できる」，②は「（能力があって）…できる」，④は「…してよい」という意味です。

3. 語順選択：与えられた語句を用いて正確に文を組み立てることができるかどうかを問うています。　(2点×5)

(11) あなたも日本人ですか。

你　④ 也 ［ ❶ 是 ］ ③ 日本人　② 吗？ Nǐ yě shì Rìběnrén ma?

「…は…である」は「主語＋“是”＋目的語」の語順で，「…も」という副詞“也”は“是”の前に，疑問を表す助詞“吗”は文末に置きます。

(12) わたしたちは食堂でごはんを食べます。

我们　② 在 ［ ❹ 食堂 ］ ③ 吃　① 饭。Wǒmen zài shítáng chī fàn.

「…で…する」は「“在”＋場所＋動詞（＋目的語）」の語順です。

⒀ 彼はあした学校に来ません。

他　② 明天　④ 不［　❸ 来　］　① 学校。Tā míngtiān bù lái xuéxiào.

「学校に来ない」は“不来学校”，時点は動詞の前に置くので，“明天”をその前に置きます。

⒁ 教室の中に学生は何人いますか。

④ 教室里　［　❷ 有　］　③ 几个　① 学生？

Jiàoshì li yǒu jǐ ge xuésheng?

「…に…がいる，ある」は「場所＋“有”＋人・モノ」の語順です。“几个”は“学生”の前に置きます。

⒂ きょうはあまり寒くありません。

② 今天　① 不　［　❹ 太　］　③ 冷。Jīntiān bú tài lěng.

「あまり…でない」という部分否定は，程度を表す副詞“太”を用いて「“不太”＋形容詞」とします。

4

解答：(1) a 车　b 课　(2) a 喝　b 热　(3) 电影　(4) 说话　(5) 写信

日文中訳：中国では文字表記に簡体字を用いることが正式に定められています。簡体字の形や画数に注意しましょう。日本の漢字と微妙に，あるいは大きく異なるものが多くありますので，正確に覚えましょう。　(4 点×5)

(1) a　車に乗る。　坐车。Zuò chē.

b　授業を受ける。　上课。Shàng kè.

a “车”は「車」の簡体字です。“车”の画数は 4 画です。2 画目を左斜め下にはらわないようにしましょう。二輪車以外の乗り物に乗るときの動詞は“坐”を使います。

车 chē（車）　一　𠂉　𠂉　车　(4 画)

b「授業」は“课”と言い，“课”は「課」の簡体字です。

课 kè（課） 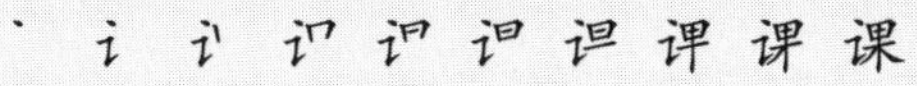 （10画）

⑵ a　コーヒーを飲む。　　　喝咖啡。Hē kāfēi.
　 b　きょうはとても暑い。　今天很热。Jīntiān hěn rè.

a「飲む」は“喝”です。日本語の「喝」とは微妙に異なります。

喝 hē（喝） 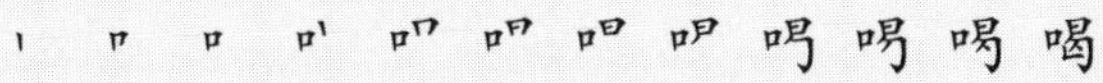
（12画）

b「暑い」は“热”で，「熱」の簡体字です。日本語では温度の高さを気温（暑い）と物（熱い）とで使い分けますが，中国語ではどちらも“热”を用います。

热 rè（熱） 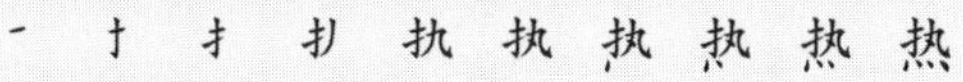 （10画）

⑶ 映画を観る。　看电影。Kàn diànyǐng.

「映画」は“电影”，“电”は「電」の簡体字です。5画目が上が突き抜けていることに注意しましょう。

电 diàn（電）  （5画）

⑷ 話をする。　说话。Shuōhuà.

「話をする」は“说话”，“说”は動詞で，“话”は目的語です。簡体字の「言偏」は“讠”を正確に書きましょう。

话 huà（話） 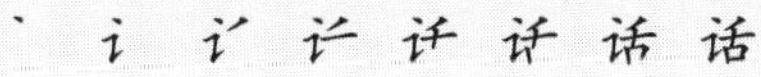 （8画）

⑸ 手紙を書く。　写信。Xiě xìn.

「手紙」は“信”です。「書く」は“写”で，「寫」の簡体字です。日本語の「写」とは微妙に異なります。5画目は右に突き出ないように注意しましょう。目的語“信”は動詞の後ろに置きます。

写 xiě（寫）  （5画）

第 101 回
(2020 年 11 月)

問　題

解答時間：計 60 分

配点：リスニング 50 点，筆記 50 点

解答と解説

リスニング （⇨解答と解説20頁）

03 **1** 1. これから読む(1)～(5)の発音と一致するものを，①～④の中から１つ選びなさい。

(10 点)

04 (1) ① cù ② zì ③ cè ④ cì

05 (2) ① gè ② gù ③ kè ④ kù

06 (3) ① shāo ② xiāo ③ shǎo ④ xiǎo

07 (4) ① qiǎn ② qiǎng ③ jiǎn ④ jiǎng

08 (5) ① fú ② hǔ ③ fǒu ④ hé

09 2. (6)～(10)のピンイン表記と一致するものを，①～④の中から１つ選びなさい。

(10 点)

10 (6) cídiǎn ① ② ③ ④

11 (7) pánzi ① ② ③ ④

12 (8) xuéxí ① ② ③ ④

13 (9) bàozhǐ ① ② ③ ④

14 (10) Rìyǔ ① ② ③ ④

15 3. (11)～(15)の日本語を中国語で言い表す場合，最も適当なものを，①～④の中から１つ選びなさい。

(10 点)

16 (11) あさって ① ② ③ ④

17 (12) 教師 ① ② ③ ④

18 (13) 秋 ① ② ③ ④

19 (14) おいしい ① ② ③ ④

20 (15) 家に帰る ① ② ③ ④

21 **2** 1. ⑴～⑸の日本語を中国語で言い表す場合，最も適当なものを，①～④の中から1つ選びなさい。 (10 点)

22 ⑴ 水曜日 ① ② ③ ④

23 ⑵ 1 時 10 分 ① ② ③ ④

24 ⑶ 606 ① ② ③ ④

25 ⑷ 2 時間 ① ② ③ ④

26 ⑸ 17 元 ① ② ③ ④

27 2. ⑹～⑽のような場合，中国語ではどのように言うのが最も適当か，①～④の中から1つ選びなさい。 (10 点)

28 ⑹ 時刻を聞くとき

① ② ③ ④

29 ⑺ 人に謝るとき

① ② ③ ④

30 ⑻ お茶をすすめるとき

① ② ③ ④

31 ⑼ 値段を聞くとき

① ② ③ ④

32 ⑽ 相手の名前を聞くとき

① ② ③ ④

筆　記 （⇨解答と解説24頁）

3　1. ⑴～⑸の中国語の正しいピンイン表記を，①～④の中から１つ選びなさい。
（10 点）

⑴ 信　　① jìn　　② jìng　　③ xìng　　④ xìn

⑵ 晚　　① bān　　② wǎn　　③ bǎng　　④ wǎng

⑶ 跑　　① pǎo　　② bǎo　　③ báo　　④ páo

⑷ 电影　　① diànyǐn　　② diànyíng　　③ diànyín　　④ diànyǐng

⑸ 礼物　　① lǚwù　　② lìwù　　③ lǐwù　　④ lǜwù

2. ⑹～⑽の日本語の意味になるように空欄を埋めるとき，最も適当なものを，①～④の中から１つ選びなさい。
（10 点）

⑹ 彼女は中国語が話せます。
她（　　　）说汉语。
① 要　　② 敢　　③ 会　　④ 想

⑺ 机の上に１枚の紙があります。
桌子上有一（　　　）纸。
① 本　　② 把　　③ 个　　④ 张

⑻ あしたあなたはどこに行きますか。
你明天去（　　　）？
① 哪儿　　② 什么　　③ 那儿　　④ 哪个

⑼ 彼らはみな英語を学んでいます。
他们（　　　）学习英语。
① 是　　② 都　　③ 也　　④ 很

⑽ わたしは兄が２人います。
我（　　　）两个哥哥。
① 是　　② 在　　③ 有　　④ 要

3. ⑾〜⒂の日本語の意味になるように①〜④を並べ替えたときに，[　　]内に入るものを選びなさい。　(10点)

⑾ 彼の部屋はあまりきれいではありません。

＿＿＿＿ ＿＿＿＿ [＿＿＿＿] ＿＿＿＿。

① 他的房间　② 不　③ 干净　④ 太

⑿ わたしたちは空港で買い物をします。

＿＿＿＿ ＿＿＿＿ ＿＿＿＿ [＿＿＿＿]。

① 买东西　② 我们　③ 机场　④ 在

⒀ きょうはわたしもテレビを見ません。

今天＿＿＿＿ [＿＿＿＿] ＿＿＿＿ ＿＿＿＿。

① 也　② 看电视　③ 不　④ 我

⒁ この辞書はわたしのです。

＿＿＿＿ ＿＿＿＿ [＿＿＿＿] ＿＿＿＿。

① 这本　② 我的　③ 是　④ 词典

⒂ わたしは妹に中国語を教えます。

＿＿＿＿ [＿＿＿＿] ＿＿＿＿ ＿＿＿＿。

① 妹妹　② 教　③ 我　④ 汉语

4

(1)〜(5)の日本語の下線部を中国語に訳し，(1)・(2)は1文字，(3)〜(5)は2文字の漢字（簡体字）で書きなさい。
(漢字は崩したり略したりせずに書くこと。)　(20点)

(1) a 馬に乗る。　b 本を読む。

(2) a きょうは暑い。　b 手紙を書く。

(3) 電話をかける。

(4) 運動する。

(5) ドアを開ける。

リスニング

1

解答：(1)❹　(2)❷　(3)❶　(4)❸　(5)❹　(6)❷　(7)❶　(8)❷　(9)❹　(10)❸
(11)❸　(12)❷　(13)❸　(14)❷　(15)❶

1. **発音（1音節）**：中国語の発音を正確に聞き取れているかピンインを使って問うています。ピンインは文字としてではなく音と関連付けて覚えるようにしましょう。

（2点×5）

04 (1) cì　① cù　② zì　③ cè　❹ **cì**

05 (2) gù　① gè　❷ **gù**　③ kè　④ kù

06 (3) shāo　❶ **shāo**　② xiāo　③ shǎo　④ xiǎo

07 (4) jiǎn　① qiǎn　② qiǎng　❸ **jiǎn**　④ jiǎng

08 (5) hé　① fú　② hǔ　③ fǒu　❹ **hé**

2. **発音（2音節）**：おろそかに聞くと間違えてしまうような音を集めています。それぞれの音の細かな差は何回も聴いて聞き分けられるようにしましょう。（2点×5）

10 (6) cídiǎn　① zìdiǎn　❷ **cídiǎn**　③ sì diǎn　④ qī diǎn

11 (7) pánzi　❶ **pánzi**　② fángzi　③ běnzi　④ pénzi

12 (8) xuéxí　① xiūxi　❷ **xuéxí**　③ xiāoxi　④ xiǎoshí

13 (9) bàozhǐ　① bāojī　② bāozi　③ bǎozhì　❹ **bàozhǐ**

14 (10) Rìyǔ　① lǐyú　② rìyì　❸ **Rìyǔ**　④ lǐyù

3. 単語：与えられた日本語に対応する単語またはフレーズの意味を類義，反義，関連語のグループの中から選びます。　(2 点× 5)

16 (11) あさって

① 明天 míngtiān　(あした)
② 今天 jīntiān　(きょう)
❸ 后天 hòutiān　(あさって)
④ 昨天 zuótiān　(きのう)

17 (12) 教師

① 学生 xuésheng　(学生)
❷ 老师 lǎoshī　(教師，〔学校の〕先生)
③ 司机 sījī　(運転手)
④ 医生 yīshēng　(医者)

18 (13) 秋

① 春天 chūntiān　(春)
② 夏天 xiàtiān　(夏)
❸ 秋天 qiūtiān　(秋)
④ 冬天 dōngtiān　(冬)

19 (14) おいしい

① 高兴 gāoxìng　(うれしい)
❷ 好吃 hǎochī　(おいしい)
③ 好看 hǎokàn　(きれいだ)
④ 舒服 shūfu　(気持ちが良い)

20 (15) 家に帰る

❶ 回家 huí jiā　(家に帰る)
② 睡觉 shuìjiào　(眠る)
③ 起床 qǐchuáng　(起きる)
④ 买票 mǎi piào　(チケットを買う)

2

解答：(1)❷　(2)❸　(3)❶　(4)❸　(5)❹　(6)❷　(7)❹　(8)❶　(9)❸　(10)❹

1. **語句**：数字に関する表現を正確に聞き取れるかどうかを問うています。

(2 点× 5)

22 (1) 水曜日	①	星期日	xīngqīrì	(日曜日)
	❷	星期三	xīngqīsān	(水曜日)
	③	星期四	xīngqīsì	(木曜日)
	④	星期一	xīngqīyī	(月曜日)
23 (2) 1 時 10 分	①	一点零四分	yì diǎn líng sì fēn	(1 時 4 分)
	②	七点十分	qī diǎn shí fēn	(7 時 10 分)
	❸	一点十分	yì diǎn shí fēn	(1 時 10 分)
	④	七点零四分	qī diǎn líng sì fēn	(7 時 4 分)
24 (3) 606	❶	六百零六	liùbǎi líng liù	(606)
	②	六百零九	liùbǎi líng jiǔ	(609)
	③	九百零九	jiǔbǎi líng jiǔ	(909)
	④	九百零六	jiǔbǎi líng liù	(906)
25 (4) 2 時間	①	两天	liǎng tiān	(2 日間)
	②	两点	liǎng diǎn	(2 時)
	❸	两个小时	liǎng ge xiǎoshí	(2 時間)
	④	两个星期	liǎng ge xīngqī	(2 週間)
26 (5) 17 元	①	十块	shí kuài	(10 元)
	②	十一块	shíyī kuài	(11 元)
	③	十九块	shíjiǔ kuài	(19 元)
	❹	十七块	shíqī kuài	(17 元)

2. 日常用語：あいさつ語ほか日常生活の中で使われる基本的な表現を聞いて理解することができるかどうかを問うています。 (2点×5)

28 (6) 時刻を聞くとき

① 几个小时?	Jǐ ge xiǎoshí?	何時間ですか。
❷ 现在几点?	Xiànzài jǐ diǎn?	今何時ですか。
③ 今天几号?	Jīntiān jǐ hào?	きょうは何日ですか。
④ 多长时间?	Duō cháng shíjiān?	どれくらいの時間ですか。

29 (7) 人に謝るとき

① 谢谢!	Xièxie!	ありがとう。
② 没关系!	Méi guānxi!	かまいません。
③ 不谢!	Bú xiè!	どういたしまして。
❹ 对不起!	Duìbuqǐ!	すみません。

30 (8) お茶をすすめるとき

❶ 请喝茶。	Qǐng hē chá.	お茶をどうぞ。
② 请喝汤。	Qǐng hē tāng.	スープをどうぞ。
③ 请喝咖啡。	Qǐng hē kāfēi.	コーヒーをどうぞ。
④ 请喝酒。	Qǐng hē jiǔ.	お酒をどうぞ。

31 (9) 値段を聞くとき

① 多少个?	Duōshao ge?	いくつですか。
② 几点了?	Jǐ diǎn le?	何時になりましたか。
❸ 多少钱?	Duōshao qián?	いくらですか。
④ 太贵了!	Tài guì le!	値段が高すぎます。

32 (10) 相手の名前を聞くとき

① 你是哪国人?	Nǐ shì nǎ guó rén?	お国はどちらですか。
② 你家有几口人?	Nǐ jiā yǒu jǐ kǒu rén?	家族は何人ですか。
③ 你家在哪儿?	Nǐ jiā zài nǎr?	あなたの家はどこですか。
❹ 你叫什么名字?	Nǐ jiào shénme míngzi?	あなたのお名前は？

筆　記

3

解答：(1)❹　(2)❷　(3)❶　(4)❹　(5)❸　(6)❸　(7)❹　(8)❶　(9)❷　(10)❸
(11)❹　(12)❶　(13)❶　(14)❸　(15)❷

1. ピンイン表記：ピンイン表記を理解することは正確な発音を身に付けることでもあります。　(2点×5)

(1) 信（手紙）	① jìn	② jìng	③ xìng	❹ **xìn**
(2) 晚（遅い）	① bān	❷ **wǎn**	③ bǎng	④ wǎng
(3) 跑（走る）	❶ **pǎo**	② bǎo	③ báo	④ páo
(4) 电影（映画）	① diànyǐn	② diànyíng	③ diànyín	❹ **diànyǐng**
(5) 礼物（プレゼント）	① lǚwù	② lìwù	❸ **lǐwù**	④ lùwù

2. 空欄補充：空欄に入る語はいずれも文法上のキーワードです。

(2点×5)

(6) 彼女は中国語が話せます。
她（ 会 ）说汉语。Tā huì shuō Hànyǔ.
① 要 yào　② 敢 gǎn　❸ 会 huì　④ 想 xiǎng

「外国語を話す」のように，その技能を身につけていて「…できる」という場合は“会”を用います。①は「…しなければならない」，②は「あえて…する」，④は「…したい」という意味です。

(7) 机の上に1枚の紙があります。
桌子上有一（ 张 ）纸。Zhuōzi shang yǒu yì zhāng zhǐ.
① 本 běn　② 把 bǎ　③ 个 ge　❹ 张 zhāng

平たい面を持つものを数える場合は“张”を用います。①は本や冊子など，②は取っ手など握る部分のあるもの，③は主に専用量詞のない名詞に用います。

(8) あしたあなたはどこに行きますか。

你明天去（ 哪儿 ）？ Nǐ míngtiān qù nǎr?

❶ 哪儿 nǎr　② 什么 shénme　③ 那儿 nàr　④ 哪个 nǎge

「どこ」は疑問詞“哪儿”または“哪里”を用います。②は「何」，③は「あそこ」，④は「どの」という意味です。

(9) 彼らはみな英語を学んでいます。

他们（ 都 ）学习英语。Tāmen dōu xuéxí Yīngyǔ.

① 是 shì　❷ 都 dōu　③ 也 yě　④ 很 hěn

「みな」は副詞“都”を用います。①は「…は…である」，③は「…も」，④は「とても」という意味です。

(10) わたしは兄が2人います。

我（ 有 ）两个哥哥。Wǒ yǒu liǎng ge gēge.

① 是 shì　② 在 zài　❸ 有 yǒu　④ 要 yào

「(誰か)が(何か)を所有する」という場合，「人＋“有”＋(人・モノ)」の語順で表現します。①は「…は…である」，②は「…が…にある，いる」，④は「ほしい」という意味です。

3. 語順選択：与えられた語句を用いて正確に文を組み立てることができるかどうかを問うています。 (2点×5)

(11) 彼の部屋はあまりきれいではありません。

① 他的房间　② 不　［ ❹ 太 ］　③ 干净。

Tā de fángjiān bú tài gānjìng.

「あまり…でない」という部分否定は，形容詞の前に“不太”を用います。

(12) わたしたちは空港で買い物をします。

② 我们　④ 在　③ 机场　［ ❶ 买东西 ］。

Wǒmen zài jīchǎng mǎi dōngxi.

「…で…する」という場合，「“在”＋場所＋動詞（＋目的語)」と表現します。“在机场”（空港で）は動詞句“买东西”（買い物をする）の前に置きます。

⒀ きょうはわたしもテレビを見ません。

今天 ④ 我 ［ ❶ 也 ］ ③ 不 ② 看电视。

Jīntiān wǒ yě bú kàn diànshì.

「…も…しない」という場合，2つの副詞“也”と“不”は“也不”の語順です。

⒁ この辞書はわたしのです。

① 这本 ④ 词典 ［ ❸ 是 ］ ② 我的。Zhè běn cídiǎn shì wǒ de.

“A 是 B”（A は B である）の文です。「指示代名詞＋量詞＋名詞」の語順で“这本词典”とします。「わたしの」は“我的”です。

⒂ わたしは妹に中国語を教えます。

③ 我 ［ ❷ 教 ］ ① 妹妹 ④ 汉语。Wǒ jiāo mèimei Hànyǔ.

“教”は人とモノ・コトという2つの目的語をとる動詞です。「動詞＋間接目的語（…に）＋直接目的語（…を）」の語順とします。

4

解答：⑴ a 马　b 书　⑵ a 热　b 写　⑶ 电话　⑷ 运动　⑸ 开门

日文中訳：中国では文字表記に簡体字を用いることが正式に定められています。簡体字の形や画数に注意しましょう。日本の漢字と微妙に，あるいは大きく異なるものが多くありますので，正確に覚えましょう。（4点×5）

⑴ a　馬に乗る。　骑马。Qí mǎ.

b　本を読む。　看书。Kàn shū.

a “马”は「馬」の簡体字です。二輪車や馬に乗るときに「またがる」という意味の“骑”を使います。ほかの乗り物に乗るときの動詞は“坐”（zuò）を使います。

马 mǎ（馬） ㇆ 马 马 （3 画）

b「本」は“书”，「書」の簡体字です。

书 shū（書） ㇆ 马 书 书 （4 画）

⑵ a　きょうは暑い。　今天很热。Jīntiān hěn rè.
b　手紙を書く。　　写信。Xiě xìn.

a 日本語では温度の高さを気温（暑い）と物（熱い）とで使い分けますが，中国語ではどちらも“热”を用います。

热 rè（熱） 一 十 扌 扌 执 执 执 热 热 热 （10 画）

b 動詞「書く」は“写”，“日本語の「写」とは違って 5 画目は右に突き出ないので注意しましょう。

写 xiě（写） 丶 冖 冖 写 写 （5 画）

⑶ 電話をかける。　打电话。Dǎ diànhuà.

“电话”は「電話」の簡体字です。“电”の 5 画目は上に突き抜けます。言偏は簡体字では 2 画になるので注意しましょう。

电 diàn（電） 丨 冂 曰 曰 电 （5 画）

话 huà（話） 丶 讠 讠 讠 讦 讦 话 话 （8 画）

⑷ 運動する。　运动。Yùndòng.

「運動する」は“运动”と言い，“运动”は「運動」の簡体字です。“运”は“云 yún”と発音が近いことから作られた簡体字です。

运 yùn（運） 一 二 云 云 云 运 运 （7 画）

动 dòng（動） 一 二 云 云 动 动 （6 画）

(5) ドアを開ける。　开门。Kāi mén.

「開ける」は“开”で「開」の簡体字です。「ドア」は“门”,「門」の簡体字です。「门」を先に書いて「ˋ」を打ってはいけません。

开 kāi（開）　一　二　于　开　(4画)

门 mén（門）　丶　门　门　(3画)

第102回

(2021年3月)

問　題

解答時間：計60分

配点：リスニング50点，筆記50点

解答と解説

リスニング （⇨解答と解説34頁）

03 **1** 1. これから読む(1)～(5)の発音と一致するものを，①～④の中から１つ選びなさい。
（10 点）

		①	②	③	④
04	(1)	① tǒng	② téng	③ dǒng	④ děng
05	(2)	① xī	② qī	③ shī	④ sī
06	(3)	① huí	② huī	③ féi	④ fēi
07	(4)	① kuò	② guò	③ gòu	④ hòu
08	(5)	① huáng	② háng	③ hāng	④ huāng

09 2. (6)～(10)のピンイン表記と一致するものを，①～④の中から１つ選びなさい。
（10 点）

10 (6) fǎlǜ ① ② ③ ④

11 (7) shuǐjiǎo ① ② ③ ④

12 (8) cānguǎn ① ② ③ ④

13 (9) yīyuàn ① ② ③ ④

14 (10) diànzǐ ① ② ③ ④

15 3. (11)～(15)の日本語を中国語で言い表す場合，最も適当なものを，①～④の中から１つ選びなさい。
（10 点）

16 (11) 朝 ① ② ③ ④

17 (12) 安い ① ② ③ ④

18 (13) 駅 ① ② ③ ④

19 (14) 兄 ① ② ③ ④

20 (15) お茶を飲む ① ② ③ ④

21 **2** 1. (1)～(5)の日本語を中国語で言い表す場合，最も適当なものを，①～④の中から１つ選びなさい。 (10点)

22 (1) 2時間 ① ② ③ ④

23 (2) 6月19日 ① ② ③ ④

24 (3) 44歳 ① ② ③ ④

25 (4) 土曜日 ① ② ③ ④

26 (5) 105元 ① ② ③ ④

27 2. (6)～(10)のような場合，中国語ではどのように言うのが最も適当か，①～④の中から１つ選びなさい。 (10点)

28 (6) 学年をたずねるとき

① ② ③ ④

29 (7) 名前をたずねるとき

① ② ③ ④

30 (8) ゆっくり話してもらいたいとき

① ② ③ ④

31 (9) 応援するとき

① ② ③ ④

32 (10) 年齢をたずねるとき

① ② ③ ④

筆　記 （⇨解答と解説38頁）

3 1.⑴～⑸の中国語の正しいピンイン表記を，①～④の中から１つ選びなさい。

（10 点）

⑴ 走　① zuǒ　② zhuǒ　③ zhǒu　④ zǒu

⑵ 贵　① guì　② kuì　③ kài　④ gài

⑶ 人　① rén　② shèn　③ rèn　④ shén

⑷ 下课　① xiákē　② xiákè　③ xiàkē　④ xiàkè

⑸ 起床　① qǐchuāng　② qìchuāng　③ qǐchuáng　④ qìchuáng

2.⑹～⑽の日本語の意味になるように空欄を埋めるとき，最も適当なものを，①～④の中から１つ選びなさい。

（10 点）

⑹ この辞典は王さんのです。

这（　　　）词典是小王的。

① 条　② 件　③ 张　④ 本

⑺ あなたたちはみな中国人ですか。

你们（　　　）是中国人吗？

① 都　② 又　③ 也　④ 还

⑻ この近くに郵便局はありますか。

这附近（　　　）邮局吗？

① 是　② 在　③ 有　④ 要

⑼ あした電話してください。

你明天（　　　）电话吧。

① 问　② 打　③ 说　④ 听

⑽ わたしは鉛筆を持っていません。

我（　　　）铅笔。

① 没有　② 没在　③ 不要　④ 不是

3. ⑾〜⒂の日本語の意味になるように①〜④を並べ替えたときに，[　　]内に入るものを選びなさい。 (10点)

⑾ 彼は毎日図書館で本を読んでいます。

他每天＿＿＿＿ ＿＿＿＿ [＿＿＿＿] ＿＿＿＿。

① 在　② 书　③ 图书馆　④ 看

⑿ 彼には妹が2人います。

他 [＿＿＿＿] ＿＿＿＿ ＿＿＿＿ ＿＿＿＿。

① 有　② 妹妹　③ 个　④ 两

⒀ わたしと彼はよい友達です。

我 [＿＿＿＿] ＿＿＿＿ ＿＿＿＿ ＿＿＿＿。

① 是　② 和　③ 好朋友　④ 他

⒁ あなたはどんな料理を食べるのが好きですか。

你＿＿＿＿ ＿＿＿＿ [＿＿＿＿] ＿＿＿＿?

① 吃　② 菜　③ 什么　④ 喜欢

⒂ わたしは今年アメリカに行きません。

我＿＿＿＿ ＿＿＿＿ [＿＿＿＿] ＿＿＿＿。

① 今年　② 去　③ 美国　④ 不

4 ⑴〜⑸の日本語の下線部を中国語に訳し，⑴・⑵は1文字，⑶〜⑸は2文字の漢字（簡体字）で書きなさい。
（漢字は崩したり略したりせずに書くこと。） (20点)

⑴ a 頭が痛い。　b ドアを開ける。

⑵ a きょうは寒い。　b 教室に入る。

⑶ 飛行機に乗る。

⑷ わたしはうれしい。

⑸ 10時に寝る。

リスニング

1

解答：(1) ❸　(2) ❶　(3) ❹　(4) ❷　(5) ❹　(6) ❷　(7) ❶　(8) ❹　(9) ❸　(10) ❶
(11) ❹　(12) ❶　(13) ❹　(14) ❸　(15) ❷

1. **発音（1 音節）**：中国語の発音を正確に聞き取れているかピンインを使って問うています。ピンインは文字としてではなく音と関連付けて覚えるようにしましょう。

（2 点× 5）

04	(1) dǒng	① tǒng	② téng	**❸ dǒng**	④ děng
05	(2) xī	**❶ xī**	② qī	③ shī	④ sī
06	(3) fēi	① huí	② huī	③ féi	**❹ fēi**
07	(4) guò	① kuò	**❷ guò**	③ gòu	④ hòu
08	(5) huāng	① huáng	② háng	③ hāng	**❹ huāng**

2. **発音（2 音節）**：おろそかに聞くと間違えてしまうような音を集めています。それぞれの音の細かな違いを聞き分けられるようにしましょう。　（2 点× 5）

10	(6) fǎlù	① Fǎyǔ	**❷ fǎlù**	③ fǎyī	④ fǎlǐ
11	(7) shuǐjiǎo	**❶ shuǐjiǎo**	② shuìjiào	③ ruìjiǎo	④ zhuījiǎo
12	(8) cānguǎn	① kānguǎn	② kànguǎn	③ cānguān	**❹ cānguǎn**
13	(9) yīyuàn	① yīnyuán	② yíyán	**❸ yīyuàn**	④ Yùyuán
14	(10) diànzǐ	**❶ diànzǐ**	② tiánjī	③ diànchí	④ tiānzǐ

3. **単語**：与えられた日本語に対応する単語またはフレーズの意味を類義，反義，関連語のグループの中から選びます。　(2 点× 5)

16 (11) 朝	①	晚上 wǎnshang	(夕方，夜)
	②	中午 zhōngwǔ	(昼；12 時前後)
	③	上午 shàngwǔ	(午前)
	❹	早上 zǎoshang	(朝)
17 (12) 安い	❶	便宜 piányi	(安い)
	②	热闹 rènao	(にぎやかだ)
	③	方便 fāngbiàn	(便利だ)
	④	漂亮 piàoliang	(きれいだ)
18 (13) 駅	①	超市 chāoshì	(スーパー)
	②	饭店 fàndiàn	(レストラン)
	③	食堂 shítáng	(食堂)
	❹	车站 chēzhàn	(駅)
19 (14) 兄	①	弟弟 dìdi	(弟)
	②	姐姐 jiějie	(姉)
	❸	哥哥 gēge	(兄)
	④	妹妹 mèimei	(妹)
20 (15) お茶を飲む	①	吃饭 chī fàn	(ごはんを食べる)
	❷	喝茶 hē chá	(お茶を飲む)
	③	唱歌 chàng gē	(歌を歌う)
	④	喝酒 hē jiǔ	(お酒を飲む)

2

解答：(1)❸ (2)❹ (3)❹ (4)❶ (5)❷ (6)❸ (7)❸ (8)❶ (9)❷ (10)❹

1. **語句**：数字に関する表現を正確に聞き取れるかどうかを問うています。

(2点×5)

22 (1) 2時間	①	两个月	liǎng ge yuè	(2か月)
	②	两分钟	liǎng fēn zhōng	(2分間)
	❸	**两个小时**	liǎng ge xiǎoshí	(2時間)
	④	两点	liǎng diǎn	(2時)
23 (2) 6月19日	①	九月六号	jiǔyuè liù hào	(9月6日)
	②	六月十五号	liùyuè shíwǔ hào	(6月15日)
	③	九月十六号	jiǔyuè shíliù hào	(9月16日)
	❹	**六月十九号**	liùyuè shíjiǔ hào	(6月19日)
24 (3) 44歳	①	四十岁	sìshí suì	(40歳)
	②	十四岁	shísì suì	(14歳)
	③	四十七岁	sìshiqī suì	(47歳)
	❹	**四十四岁**	sìshisì suì	(44歳)
25 (4) 土曜日	❶	**星期六**	xīngqīliù	(土曜日)
	②	星期四	xīngqīsì	(木曜日)
	③	星期天	xīngqītiān	(日曜日)
	④	星期五	xīngqīwǔ	(金曜日)
26 (5) 105元	①	一百一十五元	yìbǎi yīshiwǔ yuán	(115元)
	❷	**一百零五元**	yìbǎi líng wǔ yuán	(105元)
	③	一百五十元	yìbǎi wǔshí yuán	(150元)
	④	一百二十五元	yìbǎi èrshiwǔ yuán	(125元)

2. **日常用語**：あいさつ語ほか日常生活の中で使われる基本的な表現を聞いて理解することができるかどうかを問うています。 (2点×5)

28 (6) 学年をたずねるとき

① 几个月?	Jǐ ge yuè?	何か月間ですか。
② 几小时?	Jǐ xiǎoshí?	何時間ですか。
❸ 几年级?	Jǐ niánjí?	何年生ですか。
④ 几个人?	Jǐ ge rén?	何人ですか。

29 (7) 名前をたずねるとき

① 你做什么工作?	Nǐ zuò shénme gōngzuò?	あなたはどんな仕事をしていますか。
② 你家有几口人?	Nǐ jiā yǒu jǐ kǒu rén?	お宅は何人家族ですか。
❸ 你叫什么名字?	Nǐ jiào shénme míngzi?	お名前は何と言いますか。
④ 你家在哪儿?	Nǐ jiā zài nǎr?	お住まいはどちらですか。

30 (8) ゆっくり話してもらいたいとき

❶ 请慢一点儿说。	Qǐng màn yìdiǎnr shuō.	ゆっくり話してください。
② 请等一下。	Qǐng děng yíxià.	ちょっと待ってください。
③ 请你跟我念。	Qǐng nǐ gēn wǒ niàn.	わたしの後について読んでください。
④ 请再说一遍。	Qǐng zài shuō yí biàn.	もう1度言ってください。

31 (9) 応援するとき

① 欢迎!	Huānyíng!	いらっしゃい。
❷ 加油!	Jiāyóu!	がんばれ。
③ 请坐!	Qǐng zuò!	お座りください。
④ 晚安!	Wǎn'ān!	お休みなさい。

32 (10) 年齢をたずねるとき

① 什么时候?	Shénme shíhou?	いつですか。
② 几个小时?	Jǐ ge xiǎoshí?	何時間ですか。
③ 多长时间?	Duō cháng shíjiān?	どれくらいの時間ですか。
❹ 多大岁数?	Duō dà suìshu?	おいくつですか。

筆　記

3

解答：(1) ❹　(2) ❶　(3) ❶　(4) ❹　(5) ❸　(6) ❹　(7) ❶　(8) ❸　(9) ❷　(10) ❶
(11) ❹　(12) ❶　(13) ❷　(14) ❸　(15) ❷

1. ピンイン表記：ピンイン表記を理解することは正確な発音を身に付けることでもあります。　(2点×5)

(1) 走（歩く）　① zuǒ　② zhuǒ　③ zhǒu　❹ **zǒu**

(2) 贵（値段が高い）　❶ **guì**　② kuì　③ kài　④ gài

(3) 人（人）　❶ **rén**　② shèn　③ rèn　④ shén

(4) 下课（授業が終わる）　① xiákē　② xiákè　③ xiàkē　❹ **xiàkè**

(5) 起床（起きる）　① qǐchuāng　② qìchuāng　❸ **qǐchuáng**　④ qìchuáng

2. 空欄補充：空欄に入る語はいずれも文法上のキーワードです。　(2点×5)

(6) この辞典は王さんのです。

这（ 本 ）词典是小王的。Zhè běn cídiǎn shì Xiǎo Wáng de.

① 条 tiáo　② 件 jiàn　③ 张 zhāng　❹ 本 běn

量詞の問題です。書籍類など冊子状のものを数える場合は④を用います。①は細長いもの，②は上着類や出来事，③は平らな面を持つものなどを数える場合に用います。

(7) あなたたちはみな中国人ですか。

你们（ 都 ）是中国人吗？ Nǐmen dōu shì Zhōngguórén ma?

❶ 都 dōu　② 又 yòu　③ 也 yě　④ 还 hái

副詞の問題です。「みな」という意味を表す①が正解です。②は過去に行われた実現済みの動作の繰り返しについていう「また」，③は「…も」，④は「まだ」という意味です。

⑻ この近くに郵便局はありますか。

这附近（ 有 ）邮局吗？ Zhè fùjìn yǒu yóujú ma?

① 是 shì ② 在 zài ❸ 有 yǒu ④ 要 yào

「…に…がある・いる」という存在の表現は「場所＋“有”＋人・モノ」の語順です。①は「…である」，④は「必要とする」という意味です。②も「ある（いる）」という存在を表す動詞ですが，「主語＋“在”＋場所」の語順で用います。

⑼ あした電話してください。

你明天（ 打 ）电话吧。Nǐ míngtiān dǎ diànhuà ba.

① 问 wèn ❷ 打 dǎ ③ 说 shuō ④ 听 tīng

動詞の問題です。「電話を掛ける」は“打电话”ですから，正解は②です。①は「問う」，③は「話す」，④は「聞く」という意味です。

⑽ わたしは鉛筆を持っていません。

我（ 没有 ）铅笔。Wǒ méiyǒu qiānbǐ.

❶ 没有 méiyǒu ② 没在 méi zài ③ 不要 bú yào ④ 不是 bú shì

「持っている」という意味の所有を表す動詞“有”の否定形は“没有”です。②は「ない」あるいは「いない」，③は「要らない」，④は「…ではない」という意味です。

3. **語順選択**：与えられた語句を用いて正確に文を組み立てることができるかどうかを問うています。 （2点×5）

⑾ 彼は毎日図書館で本を読んでいます。

他每天 ① 在 ③ 图书馆 ［ ❹ 看 ］ ② 书。

Tā měi tiān zài túshūguǎn kàn shū.

「…で…をする」は「“在”＋場所＋…＋動詞句」の語順です。

⑿ 彼には妹が2人います。

他 ［ ❶ 有 ］ ④ 两 ③ 个 ② 妹妹。Tā yǒu liǎng ge mèimei.

「2人の妹」は“两个妹妹”です。所有を表す動詞“有”を用いて「人＋“有”＋人・モノ」の語順に並べます。

⒀ わたしと彼はよい友達です。

我 ［ ❷ 和 ］ ④ 他 ① 是 ③ 好朋友。Wǒ hé tā shì hǎo péngyou.

「…と…」は接続詞“和”を用い，「わたしと彼」は“我和他”です。

⒁ あなたはどんな料理を食べるのが好きですか。

你 ④ 喜欢 ① 吃 ［ ❸ 什么 ］ ② 菜？ Nǐ xǐhuan chī shénme cài?

「“什么”＋名詞」で「どんな…」という意味を表します。「…をするのが好き」は「“喜欢”＋動詞」を用います。

⒂ わたしは今年アメリカに行きません。

我 ① 今年 ④ 不 ［ ❷ 去 ］ ③ 美国。Wǒ jīnnián bú qù Měiguó.

「アメリカに行かない」は動詞“去”の前に“不”を用いて“不去美国”，“今年”という時間を表す語は，動詞句の前に置きます。

4

解答：⑴ a 头　b 门　⑵ a 冷　b 进　⑶ 飞机　⑷ 高兴　⑸ 睡觉

日文中訳：中国では文字表記に簡体字を用いることが正式に定められています。簡体字の形や画数に注意しましょう。日本の漢字と微妙に，あるいは大きく異なるものが多くありますので，正確に覚えましょう。 （4点×5）

⑴ a 頭が痛い。　　　头疼。Tóu téng.

b ドアを開ける。　开门。Kāi mén.

a「頭」の簡体字“头”の字形と筆順に注意しましょう。初めの2つの点は横に並べるのではなく，縦に重ねます。

头 tóu（頭） （5画）

b「開ける」は“开”で「開」の簡体字です。「ドア」は“门”，「門」の簡体字です。“门”の筆順は先に点を打ってから，左側の縦棒を書き，最後に右側を書きます。

门 mén（門）丶 丨 门　(3画)

⑵ a　きょうは寒い。　今天很冷。Jīntiān hěn lěng.
b　教室に入る。　进教室。Jìn jiàoshì.

a 形容詞「寒い」は“冷”を用います。

冷 lěng（冷）丶 冫 冫 冫 冫 冷 冷　(7画)

b 動詞「入る」は“进”です。この“进”は「進」の簡体字です。

进 jìn（進）一 二 井 井 井 讲 进　(7画)

⑶ 飛行機に乗る。　坐飞机。Zuò fēijī.

「飛行機」は“飞机”です。“飞”は「飛」の，“机”は「機」の簡体字です。ともに大胆に簡略化されているので注意しましょう。

飞 fēi（飛）乁 飞 飞　(3画)

⑷ わたしはうれしい。　我很高兴。Wǒ hěn gāoxìng.

形容詞「うれしい」は“高兴”を用います。“兴”は「興」の簡体字です。

兴 xìng（興）丶 丷 ⺍ 兴 兴 兴　(6画)

⑸ 10時に寝る。　十点睡觉。Shí diǎn shuìjiào.

「寝る」は“睡觉”です。簡体字“觉”を正しく書けるようにしましょう。

觉 jiào（覚）丶 丷 ⺍ ⺍ 觉 觉 觉 觉 觉　(9画)

漢字（簡体字）を正確に

簡体字を書いておぼえましょう。

（　）内は日本の常用漢字です。筆画順に注意しながら書いてみましょう。

簡体字（常用漢字）	ピンイン	筆順	画数
爱（愛）	ài	ノ ⺈ ⺈ ⺈ ⺈ 爫 爫 爯 爯 爱	10画
办（辦）	bàn	フ 力 力 办	4画
包（包）	bāo	ノ 勹 勹 勹 包	5画
贝（貝）	bèi	丨 冂 贝 贝	4画
备（備）	bèi	ノ ク 夂 夂 各 各 备 备	8画
鼻（鼻）	bí	ノ 亻 白 白 自 自 自 鼻 鼻 鼻 鼻 鼻 鼻 鼻	14画
边（辺）	biān	フ 力 力 边 边	5画
别（別）	bié	丨 冂 口 号 另 别 别	7画
冰（氷）	bīng	丶 冫 冫 冫 冫 冰	6画

步（步）	bù	丨 ⺊ ⺊ 止 𣥂 𣥂 步	7画
查（查）	chá	一 十 才 木 木 杏 杏 杳 查	9画
差（差）	chà	丶 丷 䒑 䒑 兰 𦍌 差 差 差	9画
长（長）	cháng	丿 𠂉 长 长	4画
场（場）	cháng	一 十 土 圬 场 场	6画
车（車）	chē	一 𠂇 车 车	4画
带（帯）	dài	一 十 廾 卅 卅 带 带 带 带	9画
单（単）	dān	丶 丷 丷 单 单 单 单 单	8画
东（東）	dōng	一 𠂇 东 东 东	5画
对（対）	duì	フ 又 对 对 对	5画
发（発）	fā	𠃊 发 发 发 发	5画

宫	(宫)	gōng	9画
骨	(骨)	gǔ	9画
喝	(喝)	hē	12画
画	(画)	huà	8画
欢	(歡)	huān	6画
见	(見)	jiàn	4画
角	(角)	jiǎo	7画
卷	(卷)	juǎn	8画
决	(决)	jué	6画
乐	(楽)	lè	5画
练	(練)	liàn	8画

两	(兩)	liǎng	一 丆 冂 丙 丙 两 两	7画	两 两 两
马	(馬)	mǎ	𠃍 马 马	3画	马 马 马
买	(買)	mǎi	乛 乛 乛 乛 买 买	6画	买 买 买
每	(每)	měi	丿 𠂉 𠂉 每 每 每 每	7画	每 每 每
门	(門)	mén	丶 丨 门	3画	门 门 门
免	(免)	miǎn	丿 ⺈ ⺈ 免 免 免 免	7画	免 免 免
脑	(腦)	nǎo	丿 冂 月 月 月 月 月 月 脑 脑	10画	脑 脑 脑
鸟	(鳥)	niǎo	丿 勹 勹 鸟 鸟	5画	鸟 鸟 鸟
农	(農)	nóng	丶 冖 农 农 农 农	6画	农 农 农
器	(器)	qì	丨 冂 口 口 口 口 口 口 哭 哭 哭 器 器 器 器 器	16画	器 器 器
铅	(鉛)	qiān	丿 𠂉 ⺈ 钅 钅 钅 钅 钅 铅 铅	10画	铅 铅 铅

浅（浅）qiǎn	丶 ⺀ 氵 氵 氵 浅 浅 浅	8画
强（強）qiáng	㇕ ㇖ 弓 弓 弘 弘 弘 弨 弨 弹 强 强	12画
桥（橋）qiáo	一 十 才 木 木 杧 杧 桥 桥 桥	10画
师（師）shī	丨 刂 刂 刂 师 师	6画
收（収）shōu	丨 丩 丩 丩 收 收	6画
书（書）shū	㇇ ㇋ 书 书	4画
岁（歳）suì	丨 山 山 山 岁 岁	6画
团（団）tuán	丨 冂 冃 用 团 团	6画
效（効）xiào	丶 亠 六 六 交 交 交 效 效 效	10画
写（写）xiě	丶 冖 冖 写 写	5画
兴（興）xìng	丶 丷 丷 ⺍ 兴 兴	6画

修（修）xiū	丿 亻 亻 仆 仆 攸 修 修 修	9画
压（圧）yā	一 厂 𠂆 厈 压 压	6画
应（応）yīng	丶 亠 广 庀 庀 応 应	7画
邮（郵）yóu	丨 冂 日 由 由 由阝 邮	7画
游（遊）yóu	丶 丶 氵 氵 氵 汸 汸 汸 游 游 游 游	12画
与（与）yǔ	一 与 与	3画
真（真）zhēn	一 十 广 冇 冇 有 直 直 真 真	10画
直（直）zhí	一 十 广 冇 冇 有 直 直	8画
钟（鐘）zhōng	丿 𠂉 乍 钅 钅 钅 钔 钔 钟	9画
桌（卓）zhuō	丨 卜 卜 卢 卢 卤 卓 卓 桌 桌	10画
着（着）zhuó	丶 丷 ㇒ 兰 兰 羊 羊 着 着 着 着	11画

中国語検定試験について

一般財団法人 日本中国語検定協会が実施し，中国語運用能力を認定する試験です。受験資格の制限はありません。また，目や耳，肢体などが不自由な方には特別対応を講じます。中国語検定試験の概要は以下のとおりです。詳しくは後掲（p.51）の日本中国語検定協会のホームページや，協会が発行する「受験案内」をご覧いただくか，協会に直接お問い合わせください。

認定基準と試験内容

準4級	**中国語学習の準備完了** 学習を進めていく上での基礎的知識を身につけていること。 （学習時間 60～120 時間。一般大学の第二外国語における第一年度前期修了，高等学校における第一年度通年履修，中国語専門学校・講習会などにおける半年以上の学習程度。） 基礎単語約 500 語（簡体字を正しく書けること），ピンイン（表音ローマ字）の読み方と綴り方，単文の基本文型，簡単な日常挨拶語約 50～80。
4 級	**中国語の基礎をマスター** 平易な中国語を聞き，話すことができること。 （学習時間 120～200 時間。一般大学の第二外国語における第一年度履修程度。） 単語の意味，漢字のピンイン（表音ローマ字）への表記がえ，ピンインの漢字への表記がえ，常用語 500～1,000 による中国語単文の日本語訳と日本語の中国語訳。
3 級	**自力で応用力を養いうる能力の保証（一般的事項のマスター）** 基本的な文章を読み，書くことができること。 簡単な日常会話ができること。 （学習時間 200～300 時間。一般大学の第二外国語における第二年度履修程度。） 単語の意味，漢字のピンイン（表音ローマ字）への表記がえ，ピンインの漢字への表記がえ，常用語 1,000～2,000 による中国語複文の日本語訳と日本語の中国語訳。
2 級	**実務能力の基礎づくり完成の保証** 複文を含むやや高度な中国語の文章を読み，３級程度の文章を書くことができること。 日常的な話題での会話が行えること。 単語・熟語・慣用句の日本語訳・中国語訳，多音語・軽声の問題，語句の用法の誤り指摘，100～300 字程度の文章の日本語訳・中国語訳。

準1級	**実務に即従事しうる能力の保証（全般的事項のマスター）** 社会生活に必要な中国語を基本的に習得し，通常の文章の中国語訳・日本語訳，簡単な通訳ができること。 （一次）新聞・雑誌・文学作品・実用文などやや難度の高い文章の日本語訳・中国語訳。 （二次）簡単な日常会話と口頭での中文日訳及び日文中訳など。
1　級	**高いレベルで中国語を駆使しうる能力の保証** 高度な読解力・表現力を有し，複雑な中国語及び日本語（例えば挨拶・講演・会議・会談など）の翻訳・通訳ができること。 (一次)時事用語も含む難度の高い文章の日本語訳·中国語訳。熟語·慣用句などを含む総合問題。 （二次）日本語と中国語の逐次通訳。

日程と時間割

準4級，4級，3級，2級及び準1級の一次試験は3月，6月，11月の第4日曜日の年3回，1級の一次試験は11月の第4日曜日の年1回実施します。

一次試験は次の時間割で実施し，午前の級と午後の級は併願できます。

午　前			午　後		
級	集合時間	終了予定時間	級	集合時間	終了予定時間
準4級	10:00	11:15	4　級	13:30	15:25
3　級		11:55	2　級		15:45
準1級		12:15	1　級		15:45

準1級と1級の二次試験は，一次試験合格者を対象に，一次が3月，6月の場合は5週間後，一次が11月の場合は1月の第2日曜日に実施します。(協会ホームページに日程掲載)

受験会場

全国主要都市に35か所，海外は北京，上海，台北，シンガポールの4か所を予定しています（2021年5月現在)。二次試験は，準1級・1級を東京と大阪で実施します。

受験料

郵送またはインターネットで受付けます。

準4級	3,500円
4　級	4,800円
3　級	5,800円
2　級	7,800円
準1級	9,800円
1　級	11,800円

（2021年5月現在）

出題・解答の方式，配点，合格基準点

級	種類	方式	配点	合格基準点
準4級	リスニング	選択式	50点	60点
	筆　記	選択式・記述式	50点	
4　級	リスニング	選択式	100点	60点
	筆　記	選択式・記述式	100点	60点
3　級	リスニング	選択式	100点	65点
	筆　記	選択式・記述式	100点	65点
2　級	リスニング	選択式	100点	70点
	筆　記	選択式・記述式	100点	70点
準1級	リスニング	選択式・記述式	100点	75点
	筆　記	選択式・記述式	100点	75点
1　級	リスニング	選択式・記述式	100点	85点
	筆　記	選択式・記述式	100点	85点

・解答は，マークシートによる選択式及び一部記述式を取り入れています。また，録音によるリスニングを課し，特に準1級・1級にはリスニングによる書き取りを課しています。

・記述式の解答は，簡体字の使用を原則としますが，２級以上は特に指定された場合を除き，簡体字未習者の繁体字の使用は妨げません。但し，字体の混用は減点の対象となります。
・４級〜１級は，リスニング・筆記ともに合格基準点に達していないと合格できません。準４級は合格基準点に達していてもリスニング試験を受けていないと不合格となります。
・合格基準点は，難易度を考慮して調整されることがあります。

二次試験内容

準１級は，面接委員との簡単な日常会話，口頭での中文日訳と日文中訳，指定されたテーマについての口述の３つの試験を行い，全体を通しての発音・イントネーション及び語彙・文法の運用能力の総合的な判定を行います。10〜15分程度。合格基準点は75点／100点

１級は，面接委員が読む中国語長文の日本語訳と，日本語長文の中国語訳の２つの試験を行います。20〜30分程度。合格基準点は各85点／100点

一般財団法人 日本中国語検定協会
〒103-8468　東京都中央区東日本橋2-28-5 協和ビル
Tel：０３－５８４６－９７５１
Fax：０３－５８４６－９７５２
ホームページ：http://www.chuken.gr.jp
E-mail：info@chuken.gr.jp

試験結果データ（2020 年度実施分）

L：リスニング　W：筆記　口試 1：中文日訳　口試 2：日文中訳

第100回	準4級	4級	3級	2級	準1級	準1級二次	1級一次	1級二次
		L / W	L / W	L / W	L / W	口試	L / W	口試1/口試2
合格基準点	60	60/60	65/65	70/70	75/75	75	−	−
平均点	75.8	69.9/67.7	65.7/68.2	69.8/67.0	71.8/71.4	88.4	−	−
志願者数	1,002	1,600	1,776	878	281	100	−	−
受験者数	806	1,305	1,444	754	254	93	−	−
合格者数	657	795	673	292	95	89	−	−
合格率	81.5%	60.9%	46.6%	38.7%	37.4%	95.7%	−	−

第101回	準4級	4級	3級	2級	準1級一次	準1級二次	1級一次	1級二次
		L / W	L / W	L / W	L / W	口試	L / W	口試1/口試2
合格基準点	60	60(55)/60(55)	65(60)/65	70/70(65)	75/75(70)	75	85/85	85/85
平均点	72.6	61.2/67.3	63.8/71.4	62.0/61.4	66.2/56.9	88.7	68.1/69.4	85.7/76.7
志願者数	2,333	2,732	2,995	1,751	546	99	212	16
受験者数	2,108	2,340	2,614	1,567	481	88	195	13
合格者数	1,692	1,305	1,381	474	95	86	14	6
合格率	80.3%	55.8%	52.8%	30.2%	19.8%	97.7%	7.2%	46.2%

第102回	準4級	4級	3級	2級	準1級一次	準1級二次	1級一次	1級二次
		L / W	L / W	L / W	L / W	口試	L / W	口試1/口試2
合格基準点	60	60/60	65/65	70/70	75/75	75	−	−
平均点	69.1	64.9/72.2	66.8/69.5	67.9/67.1	73.6/67.2	87.4	−	−
志願者数	1,789	2,719	2,591	1,405	443	133	−	−
受験者数	1,554	2,314	2,255	1,274	399	130	−	−
合格者数	1,094	1,356	1,074	485	127	127	−	−
合格率	70.4%	58.6%	47.6%	38.1%	31.8%	97.7%	−	−

※　二次志願者数には，一次試験免除者を含みます。

※　合格基準点欄（　）内の数字は，難易度を考慮して当該回のみ適用された基準点です。

A　第　　　回　準4級　解答用紙

受験番号	
会場	
氏名	

記入例

良い例	悪い例

（小さすぎたり，はみだしたり，うすすぎたりしないように。）

マーク欄全体を塗りつぶしてください。

1 リスニング

(1)	1	2	3	4
(2)	1	2	3	4
(3)	1	2	3	4
(4)	1	2	3	4
(5)	1	2	3	4
(6)	1	2	3	4
(7)	1	2	3	4
(8)	1	2	3	4
(9)	1	2	3	4
(10)	1	2	3	4
(11)	1	2	3	4
(12)	1	2	3	4
(13)	1	2	3	4
(14)	1	2	3	4
(15)	1	2	3	4

2 リスニング

(1)	1	2	3	4
(2)	1	2	3	4
(3)	1	2	3	4
(4)	1	2	3	4
(5)	1	2	3	4
(6)	1	2	3	4
(7)	1	2	3	4
(8)	1	2	3	4
(9)	1	2	3	4
(10)	1	2	3	4

3 筆記

(1)	1	2	3	4
(2)	1	2	3	4
(3)	1	2	3	4
(4)	1	2	3	4
(5)	1	2	3	4
(6)	1	2	3	4
(7)	1	2	3	4
(8)	1	2	3	4
(9)	1	2	3	4
(10)	1	2	3	4
(11)	1	2	3	4
(12)	1	2	3	4
(13)	1	2	3	4
(14)	1	2	3	4
(15)	1	2	3	4

4 筆記

(1)	a	b
(2)	a	b
(3)		
(4)		
(5)		

点数

カバーデザイン：トミタ制作室

音声ダウンロード

中検準4級試験問題2021［第100・101・102回］解答と解説

2021年6月3日　初版印刷
2021年6月10日　初版発行

編　者　一般財団法人 日本中国語検定協会
発行者　佐藤康夫
発行所　白 帝 社

〒171-0014　東京都豊島区池袋2-65-1
TEL 03-3986-3271　FAX 03-3986-3272
info@hakuteisha.co.jp　http://www.hakuteisha.co.jp/

印刷 倉敷印刷（株）／製本（株）ティーケー出版印刷

Printed in Japan　〈検印省略〉　6914　ISBN978-4-86398-412-7

＊定価はカバーに表示してあります。